Mit Blumen durch das Jahr

von Christel Claudius

ALS-Hobby-Kurs 661

Impressum

Herausgeber: Kreide, Frankfurt.
Idee, Text und Gesamtkonzept:
Christel Claudius, Paris,
Fotos: Olivier d'Huissier, Paris
Satz und Druck: ALS-Verlag GmbH, Dietzenbach.
Bestell-Nr. 25.661
ISBN 3-89135-089-9

Die Deutsche Bibliothek - CIP-Einheitsaufnahme
Mit Blumen durch das Jahr / von Christel Claudius. -
Dietzenbach: ALS-Verl., 1999
(ALS-Hobby-Kurs; 661)
ISBN 3-89135-089-9

ALS-Verlag GmbH
Postfach 1440
63114 Dietzenbach

Inhalt

Vorwort

Blumen in allen Farben und Formen begleiten uns das ganze Jahr in der Natur. Warum also Blumen aus Papier anfertigen?

Papierblumen welken nicht, können in allen Größen und jeder gewünschten Farbe aus den verschiedensten Papieren gebastelt werden. Beim Schneiden der Blüten und Blätter, beim Falten und Biegen der Papiere und beim Gestalten der Blumen lernt man die Natur auch ein wenig kennen.

Zunächst finden Sie Vorschläge für Blumen aus jeder Jahreszeit, gefolgt von Variationen und Ideen, wie einige Blumen für unterschiedliche Gelegenheiten arrangiert und vielseitig dekoriert werden können.

Sie finden hauptsächlich viele einfache Modelle, aber auch etwas schwierigere Blumen, deren Herstellung ein wenig Geschick erfordert.

Außerdem gibt es noch den Musterbogen mit den Konturen aller Blüten- und Blätterformen.

Betrachten Sie die bunten Blumen und lassen Sie sich das ganze Jahr über anregen mit Kindern, für Freunde und Familie oder auch für sich selbst schöne Blumen zu basteln und Freude damit zu bereiten.

Material

Zum Basteln der Blumen werden viele altbekannte und bewährte Papiersorten verwendet, aber auch viele der in letzter Zeit neuen interessanten Papiere, die sich für besondere Effekte eignen.

Plakatkarton
Ein schwerer, einseitig farbiger Karton

Tonpapier und Tonkarton
In verschiedener Dicke, mit glatter und rauer Oberfläche, in verschiedenen Farben beidseitig druchgefärbt

Glanzpapier
Dünnes, einseitig stark glänzendes Papier in vielen Farben

Krepp-Papier
Feingeripptes, ganz weiches dünnes Papier in einigen intensiven Grundfarben

Fotokarton
300 g/qm schwerer Karton, beidseitig in matten, aber intensiven Farben

Metallpapier
Metallisch glänzendes, weiches Folien-Papier, beidseitig beschichtet in leuchtenden Grundfarben

Sternchenfolie
Metallpapier in mehreren, matt glänzenden Farben mit Sternchenprägung

Goldkrepp
Feingeripptes Krepp-Papier in Gold

Faltpapierkreise
Dünnes Papier mit glatter Oberfläche, in intensiv leuchtenden Farben, Kreiszuschnitte in unterschiedlichen Durchmessern.

Mikrowellpappe
Gerippter dünner, biegsamer Karton in starken Farben

Colorwellpappe
Dünner Karton mit wellig-wogiger Oberfläche in starken Farben

Klettkarton
Dicke Wellpappe in Naturfarben mit breiten, farbig hervortretenden Streifen

Pünktchen- und Streifenkarton
300 g/qm schwerer, beidseitig bedruckter Fotokarton mit auffälligen Streifen und Punkten in verschiedenen Farbkombinationen

Regenbogen-Seidenpapier
Dünnes, zartes Papier in Regenbogenfarben

Moon-rock-Papier
Schweres Naturpapier mit lederartiger, genarbter Oberfläche in sanften Farbtönen

Wabenpapier
Dünnes Seidenpapier, wabenartig in vielen Schichten verklebt, mit wirkungsvollem Effekt beim Entfalten. Uni oder Regenbogenfarben

Bananenpapier
Handgeschöpftes, transparentes Papier mit eingelegten Blattfasern in matten Farben

Monigami-Papier
Zartes Naturpapier mit Kräuseleffekt in sanften Tönen

Strohseide
Leichtes, durchscheinendes Papier mit Maserung in edlen Naturtönen

Bristolkarton
Dünner, weißer Karton mit glatter Oberfläche für die Herstellung von Schablonen

Transparentpapier
Festes, durchsichtiges Papier zum Übertragen der Muster
Außerdem werden noch dünne **Draht-** oder **Schaschlikstäbe** für die Blumenstiele und eventuell dünner **Blumendraht, Nylonschnur, Kordeln, Schleifenband**, kleine **Kugeln** und **Perlen** sowie etwas **Plakafarbe** gebraucht.

Werkzeug

Zum Blumenbasteln benötigen Sie nur wenig Werkzeuge. Eine kleine und eine große **Schere,** eventuell einen **Cutter,** ein **Lineal** zum Ausmessen, einen **Bleistift,** manchmal einen **Zirkel.** Ansonsten **Bastelkleber** und zum Auftragen von Farbe einen **Pinsel.**

Musterbogen

Auf dem beiliegenden Bogen gibt es Vorlagen für fast alle Blumen, die Sie so übernehmen oder abwandeln können.

Dazu die einfachste Methode:
Die Konturen auf dem Fotokopierer kopieren, vergrößern oder verkleinern und dann ausschneiden.

Die traditionelle Methode:
Die Konturen werden auf Transparentpapier durchgezeichnet und ausgeschnitten.
So erhalten Sie Schablonen zum Übertragen auf das gewünschte Papier. Sie können auch Schablonen aus Bristolkarton verwenden. Dazu die Konturen mit Transparent- und Pauspapier auf den Karton übertragen und ausschneiden.

Die fertigen Schablonen auf das bunte Papier legen, die Konturen mit Bleistift nachfahren und die Formen dann ausschneiden.

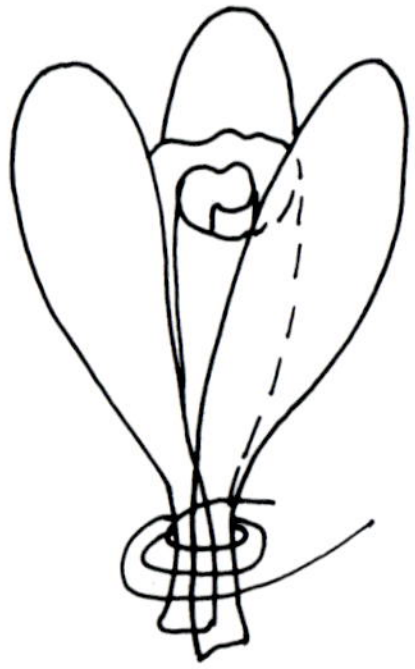

Schneeglöckchen

Material
Strohseide, weiß
Krepp-Papier, hellgrün
Tonpapier, grün
Drahtstäbe
Buntstift, gelb
Watte
Schere, Bastelkleber
eventuell Blumensteckmoos

Für den Blütenkelch zunächst aus Strohseide ein 5 x 5 cm großes Stück ausschneiden und an einer Seite mit einem Wellenrand versehen, diesen Rand mit Buntstift gelb anmalen. Anschließend drei Blütenblätter aus Strohseide zuschneiden.
Das Papier mit dem Wellenrand jetzt unten mit Klebstoff bestreichen und um ein Drahtende zu einer Tüte rollen, dabei fest andrücken.
Rundherum die drei Blütenblätter ankleben und etwas in Form biegen. Jetzt noch einen schmalen hellgrünen Krepp-Papierstreifen schräg um den Draht wickeln und verkleben. Die Stiele oben rund biegen.
Nun bekommt das fertige Schneeglöckchen noch ein, zwei schmale Blätter aus grünem Tonpapier. Die Blätter nach dem Ausschneiden über einen Stift etwas rund formen.
Mehrere Schneeglöckchen in Blumensteckmoos stecken, das mit Watte zugedeckt wird.

Narzissen

Material
Krepp-Papier, gelb, grün
Krepp-Papierstreifen, orange
Plakatkarton, hellgrün
Schaschlikstäbe
Schere, Bastelkleber

Für den Kelch der Narzisse einen orangefarbenen Krepp-Papierstreifen von 20 cm Länge um einen Stab wickeln und ankleben (siehe Schneeglöckchen).

Sechs Blütenblätter aus gelbem Krepp-Papier zuschneiden und rund um die Blütenmitte kleben.

Nun noch einen schmalen grünen Krepp-Papierstreifen schräg unterhalb der Blüte ankleben, fest um den ganzen Stiel wickeln und dort verkleben.

Für das Blütenbeet vom hellgrünen Plakatkarton einen 16 cm breiten und 50 cm langen Streifen abschneiden und zur Ziehharmonika, 5 cm breit, falten. Dabei den Karton am besten an die Tischkante legen, damit er sich gut knicken lässt.

Die Blumenstiele auf der Rückseite in die Knicke kleben und das Beet nun gerade oder etwas gerundet auf die Fensterbank stellen. In die vorderen Ecken eventuell bunte Ostereier legen.

Primeln

Material
Krepp-Papierstreifen, gelb, rot, lila
Krepp-Papier, grün
Plakafarbe, gelb
Blumendraht, ca. 20 cm lang
Schere, Pinsel

Für eine Blüte 20 cm lange Krepp-Papierstreifen dreimal falten.
Aus den so entstandenen vier Quadraten die Blütenblätter ausschneiden.

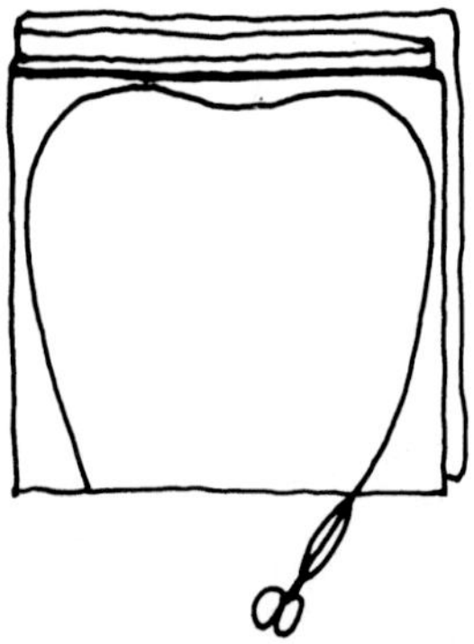

Den Streifen entfalten und die einzelnen Blätter mit den Händen zur Blüte formen, unten zusammenfassen und mit Blumendraht fest umwickeln, ungefähr die Hälfte für den Stiel übriglassen.

Vier Primeln, ergänzt mit drei grünen Blättern aus Krepp-Papier, mit Draht zu einem Sträußchen zusammenfassen.

Zum Schluss mit einem Pinsel gelbe, recht trocken angesetzte Farbe in die Mitte der Blüten geben.

Marmelblümchen

Material
Krepp-Papierstreifen, weiß, rosa, gelb, grün,
Krepp-Papier, grün
Wattekugeln oder Watte, Küchenpapier
Blumendraht, ca. 30 cm lang
eventuell Wachskreide

Für eine Blüte 25 cm lange weiße oder rosa Krepp-Papierstreifen an einer Seite in feine Fransen schneiden.

Ein besonderer Effekt: Vor dem Einschneiden kann der Streifen etwas mit rosa oder roter Wachskreide eingefärbt werden.

Anschließend eine Wattekugel mit einem Stück gelben Krepp-Papier verkleiden, wobei man das Papier unten zu einem Stiel zusammendrückt.

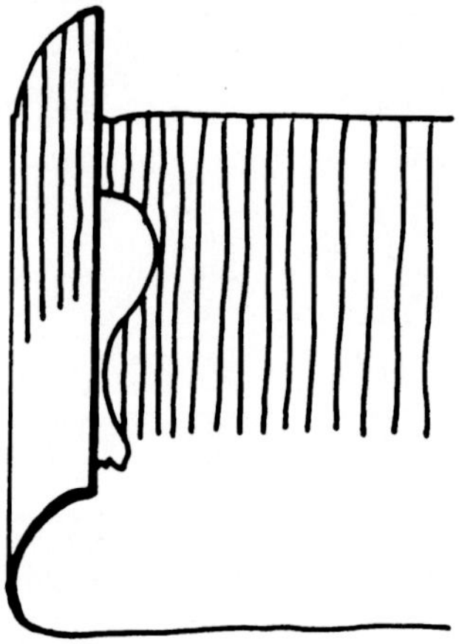

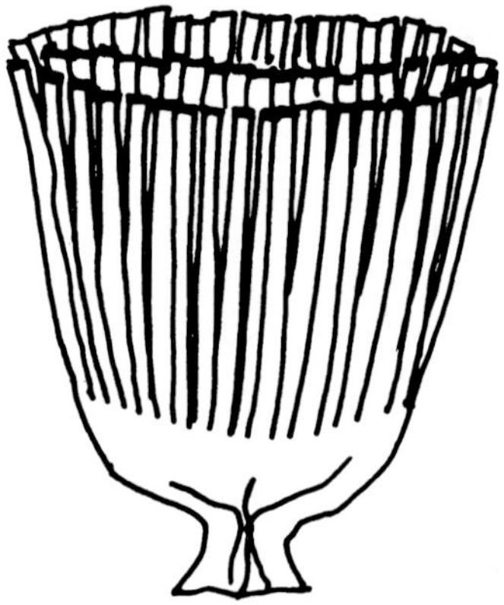

Jetzt den eingeschnittenen Streifen um die Kugel rollen und mit Blumendraht das Ganze zusammenhalten.

Um den restlichen Draht noch einen grünen Krepp-Papierstreifen, am besten in mehreren Schichten, wickeln, damit der Stiel stabil wird, aber dennoch biegsam bleibt.

Die Blümchen einzeln als Dekoration oder in Sträußchen verwenden oder zu einer Ranke mit Krepp-Papierstreifen verbinden.

Sommer

Bunte Blüten

Material
Faltkreise in allen Farben
Schere, Bastelkleber

Die bunten Blüten bestehen aus farbigen Blütenblättern, der Blütenmitte und grünen Blättern. Sie setzen sich aus runden Faltkreisen, die noch unterschiedliche Konturen bekommen, zusammen.

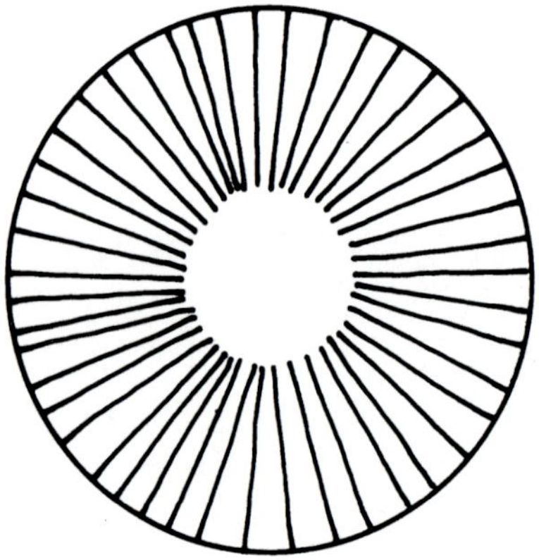

Zuerst für die Blütenmitte ein Faltblatt rundherum in Fransen schneiden, in der Mitte zusammendrücken und so zu einem Büschel formen.
Die Blütenblätter können entweder aus einem runden Faltkreis sein oder für besondere Effekte noch zacken- oder wellenartig am Rand konturiert werden.
In die Mitte ein Loch bohren und den Büschel durchstecken.

Für die Blätter einen grünen Faltkreis einmal waagrecht, dann senkrecht und noch einmal diagonal falten.
Aus den so entstandenen Dreiecken nun Blattformen herausschneiden und wieder entfalten.
In die Mitte ein Loch bohren, um den Büschel mit der Blüte durchzustecken.
Alles zusammenkleben und eventuell die Blumen noch etwas zurechtzupfen.

Auf grüne Blätter (wie links beschrieben) kleben. In die Mitte eine kleine gelbe Kugel setzen.
Sollen die Blüten einen Stiel bekommen, einen Stab oder Draht von unten in die Kugel stecken.

Regenbogen-Blumen

Material
Regenbogen-Seidenpapier
Faltkreise, grün
Wattekugeln, gelb bemalt
Drahtstäbe
Schere, Bastelkleber

Für eine Blüte einen Kreis mit einem Durchmesser von ca. 10 cm aus dem Seidenpapier ausschneiden, in der Mitte etwas zusammenpressen, drehen und dabei formen.

Zarte Blüten

Material
Strohseide, pastellfarben, grün
Drahtstäbe
Schere, Bastelkleber

Diese kleinen Blumen fertigt man in gleicher Weise wie die Regenbogen-Blumen an. Sie bestehen aus Kreisen mit ca. 5 cm Durchmesser, ohne Kugel in der Mitte.

Pastellrosen

Material
Strohseide, gelb, rosa, grün
Schaschlikstäbe
Schere, Bastelkleber

Für jede Rose ein Blütenherz, vier kleine, drei mittlere und sechs große Blütenblätter zuschneiden.

Das Blütenherz zunächst tütenartig um die Spitze eines Stäbchens kleben.

Danach die anderen Blütenblätter, mit den kleinsten beginnend, nach und nach rundherum anordnen und mit einem Tupfer Klebstoff befestigen, dabei das Papier etwas aufbiegen.

Einen schmalen Streifen grünes Papier schräg unter die Blüte kleben, den Stiel damit umwickeln und unten verkleben. Unterhalb der Blüte können nun noch einige kleine grüne Blätter angebracht und auch der Stiel mit Blättern verziert werden.

Rote Rosen

Material
Krepp-Papier, rot und grün
Schaschlikstäbe
Schere, Bastelkleber

Für eine Rose eine kleine Kugel aus rotem Krepp-Papier knüllen und auf einen Stab stecken, dann mit einem Stück grünem Krepp-Papier, das um den Stiel gedrückt und angeklebt wird, glatt überziehen. Die bereits vorher ausgeschnittenen drei roten Blütenblätter um die Kugel arrangieren und ankleben.

Anschließend verfährt man ebenso bei den grünen Blättern, die außen um die Rose drapiert werden.

Den Stiel - wie gewohnt - mit einem schmalen grünen Krepp-Papierstreifen schräg umwickeln.

Die Rosen einzeln oder mit einer Schleife zum Strauß gebunden verschenken.

Fächerblüten

Material
Wabenpapier, 30l-agig, fein in gelb, rot, blau, weiß
Karton, etwas Tonpapier
rosa Faden, Nadel
Bleistift, feine Schere

Zuerst 7 cm große Quadrate aus Wabenpapier schneiden.

Nun aus Karton ebenfalls 7 cm große Quadrate ausschneiden, auf diese dann vom Rand her mit Bleistift die gewünschten unterschiedlichen Blütenformen einzeichnen.

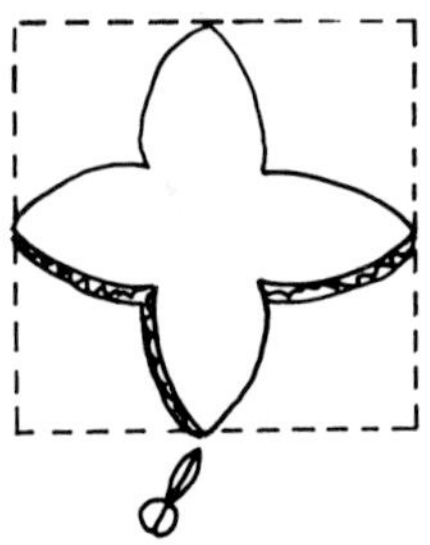

Nachdem diese Formen ausgeschnitten sind, legt man sie als Schablone auf das Wabenpapier, zeichnet die Konturen nach und schneidet die Form aus dem Wabenpapier aus.

Mit Hilfe einer Nadel in der Mitte Fäden durchziehen. Am unteren Ende kleine farbige Kreise als Blütenmitte anbringen und die Fäden darunter verknoten. Die Blüten auseinander ziehen und aufhängen.

Pomponblumen

Material
Wabenpapier, 26-lagig, grob in gelb, rot und blau
Tonpapier, gelb und orange
Glanzpapier, grün
Papierrollen
Karton, Bleistift
Schere, Bastelkleber

Für eine Pomponblüte einen Halbkreis mit 7 cm Durchmesser auf festen Karton zeichnen und ausschneiden. Diese Schablone so auf das Wabenpapier legen, dass die gerade Kante senkrecht zu den Klebenähten liegt. Mit dem Bleistift nun die Kontur nachziehen und ausschneiden. Das Papier auseinander klappen und an beiden Enden zusammenkleben.

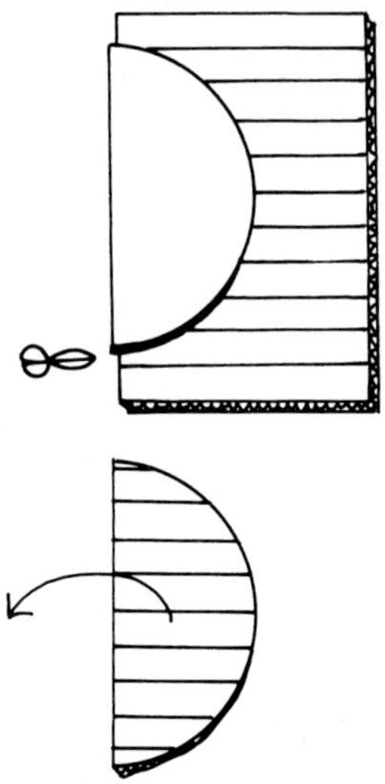

Für den Stiel eine Papierrolle (z.B. leere Toilettenpapierrollen) rundherum mit grünem Glanzpapier bekleben, von unten in den Pompon schieben und ankleben.

Aus gelbem oder orangefarbenem Tonpapier nun 14 cm lange Streifen verschiedener Breite schneiden.

Diese am oberen Rand unterschiedlich einschneiden, zu einem Kreis biegen und als Blütenkelch oben in die Rollen kleben.

Abschließend die eingeschnittenen Formen noch von innen nach außen etwas rund biegen.

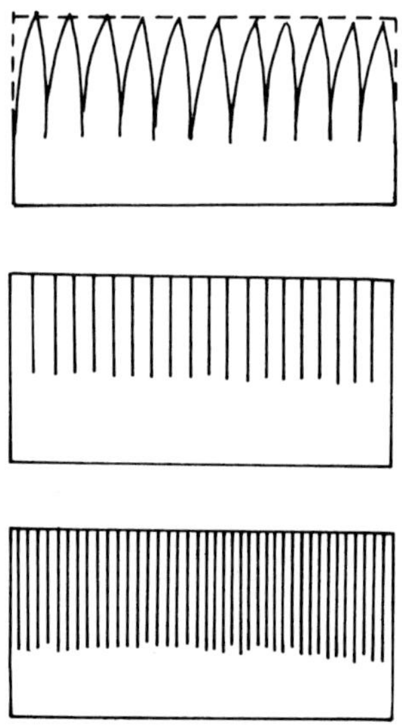

Herzblumen

Material
Fotokarton, rot
Draht- oder Schaschlikstäbe
Schere, Bastelkleber

Für eine Herzblume werden zwei Herzen aus Karton benötigt.

Ein Herz von unten, das andere von oben senkrecht bis zur Mitte einschneiden. Jetzt werden die beiden Teile so ineinander gesteckt, wie es die Zeichnung unten zeigt. Abschließend einen Draht oder ein Stäbchen an die fertige Herzblume kleben.

Einzeln oder als Strauß verschenken. Ideal für den Mutter- oder Valentinstag!

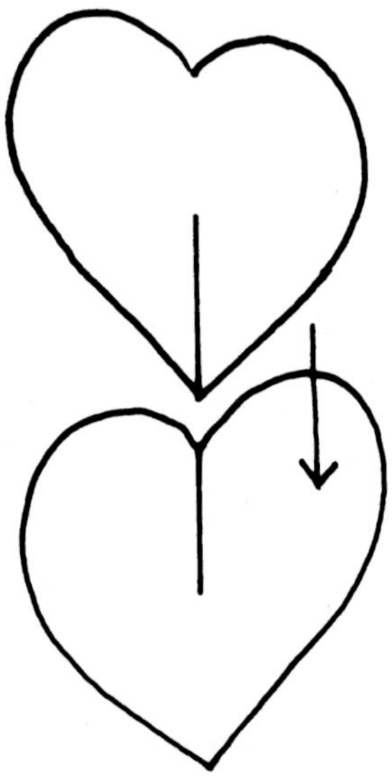

Festliche Blumen

Material
Glanzpapier, rot, blau, gelb,
Regenbogen-Seidenpapier
Krepp-Papier, grün
Schaschlikstäbe
Schere, Bastelkleber, Klebefilm

Die Blüte für diese festlichen Blumen setzt sich aus aufgeschnittenen Streifen von Glanz- und Seidenpapier zusammen. Zunächst einen 35 cm langen und 20 cm breiten Streifen aus Glanzpapier und dann den Streifen aus Seidenpapier 50 cm lang und 35 cm breit zuschneiden.

Beide Papiere nun der Länge nach in der Mitte falten und vom Falz aus in gleichmäßigen Abständen von der Falzkante bis auf 1 - 2 cm einschneiden.

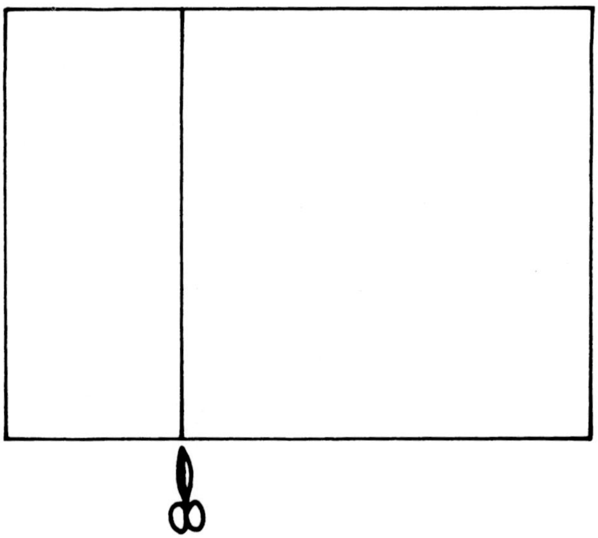

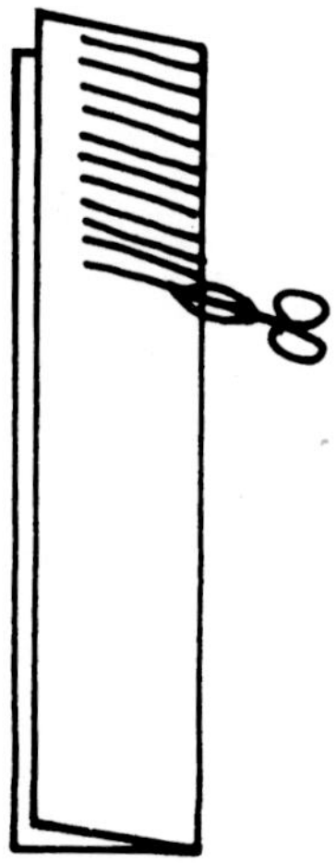

Zuerst die Fransenborte aus Glanzpapier am Rand mit Klebstoff einstreichen, zu einem Büschel oben um einen Schaschlikstab rollen und festkleben.

Anschließend rundherum die Seidenpapierfransen wickeln und mit einem Streifen Klebefilm fest zusammenhalten.

Zuerst den Stab so halten, dass sich die Blüte am unteren Ende befindet und nun beginnend an den Klebestellen den Stab mit einem grünen Krepp-Papierstreifen umwickeln. Festkleben.

Zum Schluss die Fransen des Glanzpapiers oben im Büschel aufschneiden. Wird die Blume aufgestellt steht der Büschel hoch, während die leichten Fransen des Seidenpapiers nach unten fallen.

Sonnenblumen

Material
Colorwellpappe, gelb
Wabenpapier, braun
Klettkarton, grün
Schere, Bastelkleber

Für die Blüte zunächst aus gelber Wellpappe eine Sonnenform ausschneiden. Anschließend einen Halbkreis mit 7 cm Durchmesser aus dem braunen Wabenpapier zuschneiden, aufklappen und in die Mitte der Sonne kleben.

Der Stiel besteht aus einem 30 cm langen und 5 cm breiten Streifen aus Klettkarton, der zu einer Röhre zusammengeklebt wird. Die Blüte lässt sich dann leicht mit etwas Klebstoff daran befestigen.

Die Sonnenblumen wirken als Strauß, in einer Reihe vorm Fenster und sind auch für ein Fest im Freien sehr dekorativ. Die Sonnenblume mit größerem Durchmesser hergestellt kann auch als Einzelstück alle Blicke auf sich ziehen.

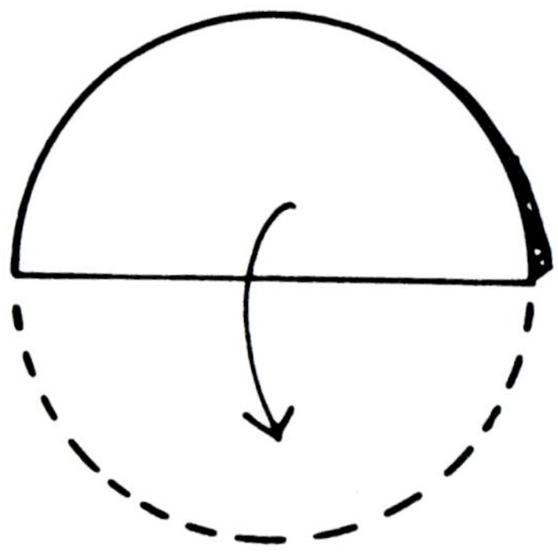

Motivbogen zum ALS-Hobby-Kurs 661
Mit Blumen durch das Jahr
Seite 1

Blüten und Blätter
S. 23

Mohnblumen

Material
Krepp-Papier, rot, grün, etwas gelb
Glanzpapier, schwarz
Schaschlikstäbe
Schere, Bastelkleber

Für eine Blüte zunächst etwas gelbes Krepp-Papier zu einer Kugel knüllen und mit einem ca. 10 cm großen Quadrat glatt überziehen und unterhalb zu einem Stiel zusammendrehen.

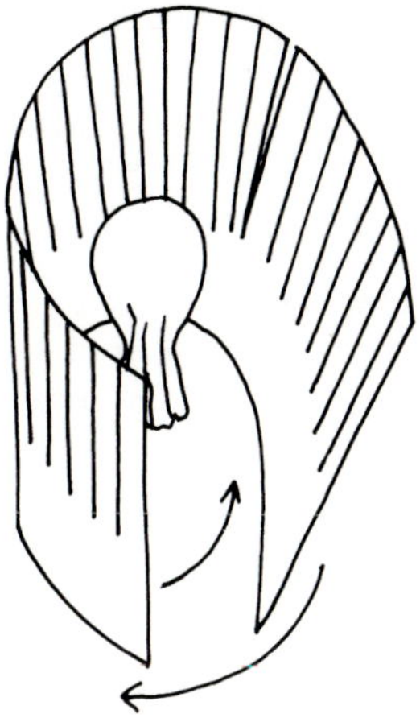

Dann einen 35 cm langen und 10 cm breiten Streifen aus schwarzem Glanzpapier an einer Längsseite mit Fransen versehen. Diesen Streifen nun um die gelbe Blütenmitte legen und unten ankleben.

Fünf Blütenblätter aus rotem Krepp-Papier ausschneiden und diese jetzt quer in der Mitte mit den Fingern etwas dehnen, so erhalten sie eine plastische Form. Die Blütenblätter überlappend rundherum ankleben.

Sollen die Blüten einen Stiel erhalten, bereits bei der Erstellung des gelben Blütenstempels einen Stab in dessen Mitte schieben und ihn dann mit einem grünen Kreppstreifen schräg umwickeln. Die weitere Verarbeitung erfolgt dann wie oben beschrieben.

Dahlien

Material
Faltpapierkreise, gelb, orange, rot, pink
Schaschlikstäbe
Plakafarbe, grün
Schere, Bastelkleber, Pinsel

Eine Dahlienblüte setzt sich aus vielen gefalteten und dann eingeschnittenen Kreisen in verschiedenen Größen zusammen.

Von den Kreisen von außen nach innen immer ein Stück abschneiden. Dazu wird zuerst ein großer Kreis quer in der Mitte und dann senkrecht gefaltet. Danach diagonal zweimal falten, so dass ein kleines Dreieck entsteht.

Aus diesem Dreieck zwei Spitzen herausschneiden und die Form wieder aufklappen.

Für die nächsten Kreise vor dem Einschneiden das Papier etwas kürzen, wodurch die Blüten immer etwas kleiner werden.

Alle aufgeklappten Kreise in der Mitte zu einer Blüte zusammenkleben. Zum Schluss in diese Mitte ein Loch bohren, einen Stab, den man vorher grün angemalt hat, hineinschieben und festkleben.

Die Dahlien sehen sehr dekorativ in einem kleinen Kürbis aus. Es eignen sich aber auch Blumensteckmoos oder Sand als Untergrund, der sich noch weiter ausgestalten lässt.

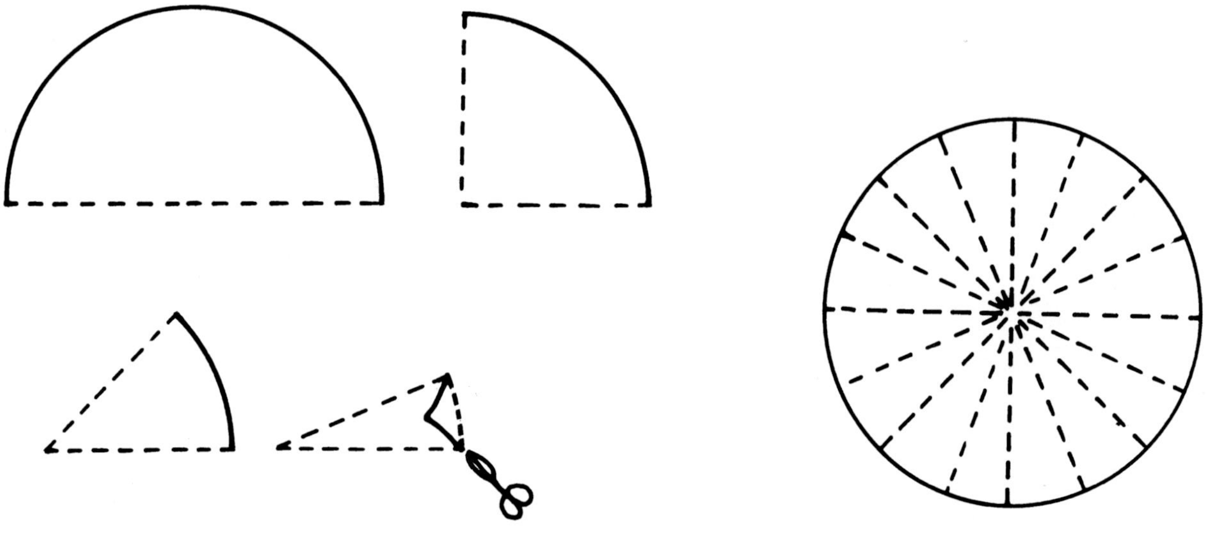

Herbstzeitlosen

Material
Tonpapier, rosa, grün, braun
Schere, Bastelkleber

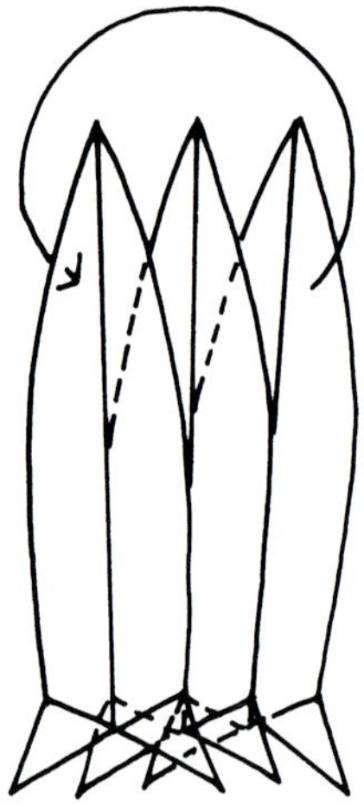

Drei schmale grüne Blätter sollen hier einen Kelch bilden, der die Blüte hält. Dafür drei ca. 16 x 5 cm große Stücke aus grünem Tonpapier einmal senkrecht falten, die Blattform ausschneiden und die beiden unteren Spitzen nach außen knicken.

Die drei Blätter nun versetzt übereinander legen und unten zusammenkleben (siehe Zeichnung). Den Kelch formen, indem die beiden äußeren Blatthälften zusammengeklebt werden.

Die Blüte besteht aus zwei Teilen. Zwei ca. 16 x 8 cm große Stücke aus rosa Tonpapier einmal senkrecht falten und zwei Blütenformen ausschneiden. Die Stiele anschließend so zusammenkleben, dass die Knicke entgegengesetzt liegen und sich eine Blüte bildet.

Aus braunem Tonpapier ein Blatt ausschneiden und darauf die Kelche festkleben. Nun die Blüten einfach hineinstecken.

Hübsch sieht auch eine ganze Wiese mit vielen Blumen aus. Dazu einen großen Bogen Karton, naturfarben oder grün, ganz mit diesen Blüten dekorieren.

Blüten und Blätter

Material
Zarte Strohseide oder Bananenpapier in schönen Farben
Karton, Bleistift, Schere, Klebestift

Diese federleichten Blüten und Blätter entweder frei nach eigenen Vorstellungen ausschneiden, oder die Formen vorzeichnen.

Noch einfacher: Blüten und Blätter vom Schnittmusterbogen auf Karton übertragen und mit Hilfe dieser Schablonen die Konturen nachzeichnen und ausschneiden.

Diese transparenten Blüten und Blätter lassen sich vielseitig verwenden. Als Fensterbild können die Formen auch übereinander angeordnet werden, wodurch sich viele neue Farbabstufungen ergeben. Die einzelnen Zuschnitte mit einen Tupfer vom Klebestift befestigen.

Auch für ein Herbstbild oder als Schmuck für Hefte, Grußkarten oder Geschenkpakete sind sie geeignet.

Kakteen

Material
Moon-rock-Papier, grün, braun, beige, rot, gelb
Schere, Bastelkleber

Für einen Kaktus zweimal die gewünschte Grundform ausschneiden, die eine Form von oben, die andere von unten senkrecht einschneiden, so lassen sich die beiden Teile ineinander stecken und aufstellen.

Jetzt lassen sich die Kakteen weiter aufbauen und verzieren. Dazu kleinere runde Formen aus der gleichen Farbe wie die Grundform zuschneiden, von unten einschneiden und auf die Grundform stecken. Blüten in Kontrastfarben ebenso als Schmuck aufstecken.
Kleine spitze Dreiecke als Stacheln an die Ränder kleben.

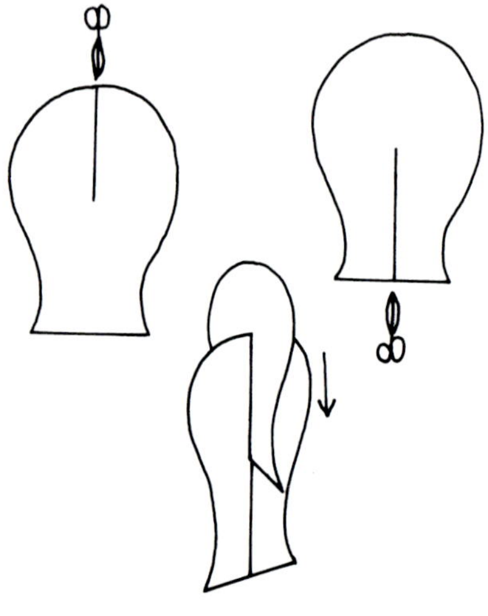

Weihnachtsstern

Material
Monigamipapier, rot, grün
Holzperlen, gelb
Blumendraht
Schere, Bastelkleber

Für diesen Weihnachtsstern je fünf rote und grüne Blätter aus Monigamipapier ausschneiden.

Fünf ca. 20 cm lange Stücke Draht an einem Ende zu Ösen formen, die Perlen aufziehen und den Draht dann so biegen, dass die Perlen festsitzen.

Die Drähte werden zu einem Bund gefasst und die roten Blätter rundherum arrangiert. Die Blätter an der abgerundeten Seite leicht zusammendrücken und an die Drähte kleben, eventuell mit einem dieser Drähte alles zusammenbinden.

Unter die roten Blätter die grünen versetzt ankleben. Die Drahtenden können so gebogen werden, dass die Sternblüte aufrecht steht oder zu einem längeren Stiel zusammengefasst werden.

Sternblüten

Material
Metallpapier, gold, rot, blau, lila
Schere, Bastelkleber, Zirkel (Tasse)

Vom Metallpapier einen Streifen von 40 cm Länge in gewünschter Breite, von 6 bis 8 cm, ausschneiden. Diese Streifen werden dann in 2 cm breite Falten geknickt.

Am oberen Ende des gefalteten Streifens Spitzen zuschneiden und seitlich einen kleinen Halbkreis ausschneiden (siehe Zeichnung).

Die Ziehharmonika zu einem Kreis aufbiegen und die Enden zusammenkleben. Diese Sternblüte nun auf einen Kreis in anderer Farbe mit einem Tupfer Klebstoff setzen. Abschließend noch eine kleine Kugel aus Metallpapier knüllen und damit die Blütenmitte verzieren.

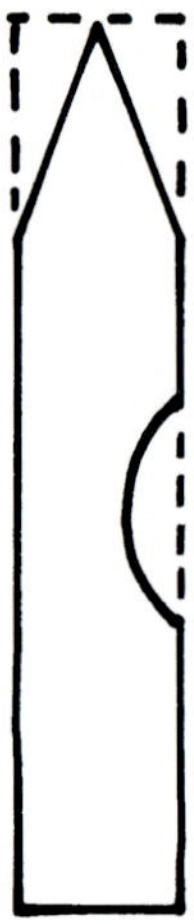

Goldrosen

Material
Krepp-Papier, gold
Metalldraht, dünn
Schere

Für eine Rose 20 cm von der 50 cm breiten Krepp-Papierrolle abschneiden und in der Mitte längs falten.

Diesen Doppelstreifen nun aufrollen, dabei eine Seite mit den Fingern zusammenhalten und die andere Seite so aufbiegen, dass eine schöne Rose entsteht. Die Blüte unten fest mit Draht umwickeln.

Variationen

Variationen von den „Sonnenblumen“ sind geeignet als Tisch- und Raumdekoration, für Mobiles, Girlanden, auch für Grußkarten und vieles mehr. Einzeln oder aufgereiht, zum Hinlegen oder Aufhängen.

Einzelne Dekoblüten

Material
Colorwell- und Mikrowellpappe
Regenbogen-Bastelwellpappe
Streifen- und Pünktchenkarton
Wabenpapier, uni oder regenbogenfarben, Glanzpapier

Blumenformen aus der gewünschten Pappe frei nach Phantasie oder dem Schnittmuster ausschneiden. In die Blütenmitte aufgeklappte Halbkreise aus Wabenpapier kleben.
Sollen die Blumen aufgehängt werden, auf Vorder- und Rückseite je eine Halbkugel kleben, so dass eine ganze Kugel, ein Ball entsteht.

Grußkarten

Material
Mikrowellpappe oder
BLANKI-Mikrowellklappkarten
Glanzpapier
Wabenpapier, regenbogenfarben
Lineal, Zirkel, eventuell Cutter

Für eine Karte ein Rechteck 21 x 15 cm aus Mikrowellpappe schneiden. Beachten, dass die Rippen parallel zu der 15 cm langen Seite laufen müssen.
Das Rechteck in der Mitte zu einer Klappkarte, mit glatter Seite innen, falzen. Es eignen sich auch die BLANKI-Mikrowell-Klappkarten in Grund- und Festfarben.
Auf das Glanzpapier Kreise mit ca. 12 cm Durchmesser zeichnen, ausschneiden und in der Mitte falten. Die Ränder der Kreise zu runden oder spitzen Blütenformen schneiden.
Die Kreise werden aufgeklappt und in die Karten, Knick auf Knick, geklebt. Zum Schluss Halbkreise aus Wabenpapier von der Mitte aus auf die rechte und linke Kartenseite kleben. Diese Kugeln entfalten und schließen sich beim Auf- und Zuklappen der Karten.

Girlanden

Bunte Girlanden sind bei vielen Festen willkommene Raumschmücker. Alle dürfen daran mitarbeiten und entscheiden, ob sie quer oder senkrecht aufgehängt werden sollen.

Material
Wabenpapier, verschiedene Farben
Faltkreise in vielen Farben
Bänder, Kordeln
Schere, Bastelkleber

Variationen von „Pomponblumen“ und „Bunten Blüten“ herstellen und auf breite Bänder kleben oder auf Kordeln aufziehen, die Enden verknoten, und den Raum damit schmücken.

„Sonnenblumen", „Dahlien" und „Bunte Blüten" eignen sich als Schmuck für Masken, Hüte und das Haar, auch zum Verkleiden für Fasching und andere lustige Feste sind sie beliebt.

Blumen-Masken

Material
Colorwellpappe, gelb
Streifenkarton, gelb-schwarz
Wabenpapier, braun, rot
Schleifenband, rot, grün
Schere, Bastelkleber

Große Blumen in verschiedenen Formen ausschneiden. Diese Blüten sind natürlich auch in vielen anderen Formen und Farben möglich, müssen aber stets so groß sein, dass die Gesichter verdeckt werden.

In Augenhöhe zwei Löcher zum Durchsehen ausschneiden und Pompons aus Wabenpapier in die Mitte als Nase setzen.
Rechts und links mit der Scherenspitze Löcher in den Karton bohren und bunte Bänder durchziehen. Da die Bänder hinten am Kopf verknotet werden, müssen sie entsprechend lang sein.

Hüte

Material
Mikrowellpappe, pink
Tonpapier, blau
Faltkreise, orange, rot, grün
Wabenpapier, regenbogenfarben
Schleifenband, blau, rot, grün, lila
Zirkel, Schere, Bastelkleber

Der pinkfarbene Hut besteht aus einer großen zackig geschnittenen Blume mit einer bunten Blütenmitte.

An jeder Seite ein Loch bohren und Bänder in zwei Farben durchziehen. Sie müssen lang genug sein, um unter dem Kinn zu einer Schleife gebunden zu werden, wenn der Hut aufgesetzt wird.

Für den blauen Hut zunächst mit dem Zirkel einen Kreis mit 36 cm Durchmesser auf blaues Papier zeichnen und ausschneiden. Nun wird vom Rand zur Mitte hin ein flaches Dreieck herausgeschnitten und die Kanten aufeinander geklebt, wodurch ein Kegel entsteht. Je größer das Dreieck, umso spitzer der Hut. Er wird zum Schluss mit einer bunten Blüte geschmückt.

Haarschmuck

Material
Tonpapier, hellgrün
Faltkreise, verschiedene Farben
Schere, Klebstoff

Aus Tonpapier, in beliebiger Farbe, Streifen in gewünschter Breite zuschneiden. Die Länge vor dem Zusammenkleben ausprobieren, der Haarschmuck muss als Ring gut auf dem Kopf sitzen.

Kleine Blüten anfertigen und einzeln oder zu mehreren auf dem Ring dekorieren.

Osterkranz

Material
Tonpapier, hellgrün
Krepp-Papier, rot, pink, gelb
Plakafarbe, gelb
Schere, Pinsel, Bastelkleber

Für den Kranz einen 45 cm langen und 5 cm breiten Streifen aus Tonpapier zuschneiden, dessen eine Seite dann zackig einschneiden und zum Kranz zusammenkleben. Außen mit bunten Primeln (ohne Draht) dekorieren. Das Nest mit farbigen Eiern füllen.

Mobile

Dieses Mobile ist aus einem Regenbogen mit Sonne, Wolken und den „Sonnenblumen“ entstanden. Es ist ein schöner Blickfang, wenn es sich im Raum dreht oder vor dem Fenster hängt mit Himmel, Bäumen und Landschaft als Hintergrund.

Material
Regenbogen-Bastelwellpappe
Colorwellpappe, gelb, braun, blau
Wabenpapier, gelb, braun
Schaschlikstab
Nylonschnur
Schere, Bastelkleber

Großzügig einen Regenbogen aus der entsprechenden Wellpappe ausschneiden.

Zwei Halbkugeln aus gelbem Wabenpapier zu einer Sonne zusammenkleben und mit einem Stäbchen versehen.

Eine Wolke aus blauer Colorwellpappe schneiden und drei Sonnenblumen basteln.

Nun werden kleine Löcher in die Wolke, die Blumen und in den Regenbogen gebohrt. Alle Teile mit Nylonschnur in verschiedener Höhe an den Regenbogen hängen. Abschließend das Loch zum Aufhängen, nach Austarieren des Regenbogens mit der Sonne, festlegen und dort die Nylonschnur zum Aufhängen durchziehen und befestigen.

Blumen zum Aufstellen

Diese bunten Variationen der Kakteen eignen sich besonders gut als Tisch- und Raumschmuck, da sie stabil stehen und leicht herzustellen sind.

Material
Tonpapier in verschiedenen Farben
Schere, Lineal, Bleistift

Wie bei den Kakteen für jede Blume zwei gleiche Formen ausschneiden.

Mit Lineal und Bleistift auf beide Formen in der Mitte senkrecht eine Linie ziehen. An dieser Linie entlang eine Form von unten, die andere von oben bis zur Mitte einschneiden. So lassen sich beide Teile zusammenstecken und leicht zur Blume aufstellen.

Abschließend noch in anderen Farben kleine Ornamente schneiden, die von unten eingeschnitten auf den Blumen befestigt werden.

Tischschmuck

Eine lustige, bunte Dekoration für Geburtstage und viele andere Feste, Einladungs- und Tischkarten, Girlanden für den festlichen Tisch.

Aus bunten Faltkreisen werden ganz viele einfache Dahlien gefaltet und ausgeschnitten.

Girlanden

Material
Tonpapier
Faltkreise in allen Farben
Schere, Klebstoff
bunte Teelichter

Für die gerade Girlande einen ca. 5 cm breiten Tonpapierstreifen in beliebiger Länge zuschneiden und dicht mit Blüten in allen Farben bekleben. Es können auch mehrere Streifen für die ganze Länge des Tisches zusammengefügt werden. Für eine festliche Stimmung die Girlande noch mit Teelichtern schmücken.

Für die Tellergirlande wird ein ca. 5 cm breiter Halbkreis, passend zum Teller, ausgeschnitten und ebenfalls ganz mit Blüten dekoriert.

Karten

Material
weißer Karton
Faltkreise in vielen Farben
Lineal, Bleistift, Schere, Bastelkleber

Die Einladungskarten aus weißem Karton sind 21 x 15 cm groß und werden einmal in der Mitte gefaltet. Mit einer Blume, die aus zwei Teilen besteht, versehen.

Hübsch wirken die Karten natürlich auch aus buntem Karton. Die Tischkarten in beliebiger Größe zuschneiden und zum Aufstellen einmal quer falten. Alles mit bunten Stiften beschriften.

Weihnachtsdekoration

Goldene Blüten aus Variationen von „Dahlien", „Sternblüten" und „Goldrosen" geben eine weihnachtliche Stimmung: auf Bändern als Raumschmuck, einzeln auf Paketen oder als glänzende Kerzenhalter.

Schmuck für Päckchen

Material
Krepp-Papier, gold
Sternchenfolie, gold
Metallpapier, pink, violett
Geschenkpapier, Geschenkband
Draht, Schere, Bastelkleber

Die eingepackten Päckchen zuerst mit passendem Geschenkband versehen, diese Bänder nun mit goldenen Rosen oder Sternen, die jeweils aus zwei Dahliensternen verschiedener Größe bestehen, verzieren.

Kleine geknüllte Kugeln aus Metallpapier mit Klebstoff in die Mitte setzen.

Kerzenhalter

Material
Metallpapier, Sternchenfolie
Kerzen
Schere, Klebstoff

Sternblüten aus Metallpapier oder Sternchenfolie wie oben beschrieben in verschiedenen Größen anfertigen und statt der Kugeln mit Kerzen schmücken.